La Philosophie De La Puissance Américaine

La Philosophie De La Puissance Américaine

Dr. François Adja Assemien

Copyright © 2022 by Dr. François Adja Assemien.

All rights reserved. No part of this book may be reproduced in any form or by any electronic or mechanical means, including information storage and retrieval systems, without permission in writing from the author and publisher, except by reviewers, who may quote brief passages in a review.

ISBN: 978-1-959434-01-6 (Paperback Edition)
ISBN: 978-1-959434-02-3 (Hardcover Edition)
ISBN: 978-1-959434-00-9 (E-book Edition)

Book Ordering Information

The Regency Publishers, US
521 5th Ave 17th floor NY, NY10175
Phone Number: (315)537-3088 ext 1007
Email: info@theregencypublishers.com
www.theregencypublishers.com

Printed in the United States of America

Table des matières

Du même auteur vii
Introduction ix

Première partie : l'homme selon la vision américaine

Chapitre 1 : La nature de l'homme 1
Chapitre 2 : Les Américains et autrui 4
Chapitre 3 : Les Américains et l'existence 9

Deuxième partie : l'esprit américain

Chapitre 1 : Les Américains et la pensée - existence 15
Chapitre 2 : Les Américains et l'action 19
Chapitre 3 : De la vie à l'existence : voyage périlleux 24
Conclusion 27
Résumé du livre 31
Biographie de l'auteur 33

DU MEME AUTEUR

Les Règles d'or du bonheur, du succès, de la santé et du salut personnels, Edilivre, 2016
Introduction à la philocure, essai, Edilivre, 2016
Les Rebelles Africains, roman, Edilivre, 2016
L'Afrique interdite, roman, Edilivre, 2016
L'Art de vivre en Amérique, guide, Edilivre, 2019
Président Donald Trump et les Africains, essai, Edilivre, 2020
Le Monde ne vaut rien, essai, 2016
La Côte d'Ivoire a mal, essai, Edilivre, 2018
Education morale et spirituelle, Edilivre, 2016
La Conscience Africaine, essai, Edilivre, 2016
Code électoral, roman, Black Stars, 1995
Portrait du bon et du mauvais électeur, du bon et du mauvais candidat, essai, Black stars, 2000
Les Onze maux de la Côte d'Ivoire, essai, Afro-Star, 2005
La Côte d'Ivoire et ses étrangers, essai, Black Stars, 2002
Le Guide africain de philosophie, de sciences humaines et d'humanisme, Black Stars, 1985
La Pensée politique pour sauver la Côte d'Ivoire, essai, Afro-Star, 2003
L'Afrocratisme, essai, Afro-Star, 1992
Thomas Sankara comme Thomas More et Socrate, essai, Ouagadougou, 2020
Ahikaba, roman, Mary Bro Foundation Publishing, Londres, 2018

Let's save humanity and life, essay, Global Summit House, 2020
The Current slavery in Africa, essay, Global Summit House, 2020
Corona virus, essay, Global Summit House, 2020.

INTRODUCTION

J'écris ce livre parce que je suis philosophe. Et je l'écris pour montrer au monde les lois du développement et de la puissance. Je m'adresse particulièrement aux pays faibles, pauvres, sous-développés, peu développés et contre-développés. **La Philosophie de la puissance américaine** se veut leur bréviaire, leur viatique, leur vademecum. Ce livre est une école de pensée et d'action. Il guide les pays qui sont en quête de développement et de puissance tous azimuts. Il leur montre ce qu'ils doivent faire. Il les met dans la voie de la puissance. Toutes les nations qui cherchent sérieusement leur développement et leur puissance ont intérêt à connaître les lois d'action et les pensées qui sont enseignées ici. C'est un devoir impérieux pour elles. Elles doivent connaître les pensées dynamisantes et transformatrices. Elles doivent absolument les suivre, les respecter, les appliquer. Nous avons étudié et observé l'Amérique pour découvrir les principes, les règles ou les lois du gigantisme et de la puissance. L'Amérique est une école pour le reste du monde, surtout pour le tiers monde.

Il est bon de savoir que le fait d'être faible, sous-développé, non-développé, moins développé, contre-développé n'est pas une fatalité. Cela s'explique objectivement. Cela est simplement la résultante de l'ignorance, d'une attitude d'esprit négative, d'une mentalité toxique et diamétralement opposée à la mentalité américaine. L'Amérique a créé sa puissance et son développement gigantesques à partir de sa mentalité aristocratique, existentialiste, volontariste, pragmatique, optimiste. On peut intituler ce travail: la philosophie américaine de l'homme, du monde et de l'existence. Cette philosophie est régulatrice, dynamisante et composite. Elle est complexe. Elle est constituée d'optimisme absolu et sans borne à l'égard de l'homme, de triomphalisme humaniste à la Protagoras, de pragmatisme, de volontarisme tragique, de surhumanisme, de scientisme (foi absolue en la science, en la technologie), d'élitisme ou aristocratisme nietzschéen, de rationalisme cartésien.

Selon cette philosophie, l'impossible est possible à l'homme. L'homme américain est ontologiquement et axiologiquement conçu comme illimité et sans faiblesse. Il est conçu comme omnipotent, omniscient et omniprésent. Il manifeste les vertus et les attributs divins. Il est transcendant. Cette philosophie montre comment l'homme doit penser, comment il doit agir et comment il doit exister. Elle donne la force et le pouvoir absolus à l'individu de se battre, de lutter, de se surpasser et de dominer le monde. Elle montre ce que la puissance de la volonté, de l'esprit, de la Raison, de l'intelligence peut faire d'extraordinaire dans le monde. Cette philosophie enseigne aux hommes que le fait de vivre doit consister à croire en soi-même comme on croit en Dieu et à se prendre pour Dieu. Croire en Dieu doit signifier que l'on est Dieu. Cela est plus raisonnable, plus intéressant, plus important et plus profitable. Alors on doit dire, comme Nietzsche, que Dieu est mort et qu'il est remplacé par l'homme sur terre. L'homme devient de facto surhumain. Il est divin et capable de tout. Il peut tout faire. Il n'a qu'à se faire totalement confiance. D'où cette expression américaine: «You can. Just do it» (tu peux tout faire. Il te faut seulement vouloir agir). Telle est la responsabilité de chaque homme qui est réellement Dieu mais qui s'ignore comme tel. Désormais, l'homme doit prendre conscience de sa nature de Dieu. Il est comme Dieu endormi. Il doit se réveiller, manifester sa puissance créatrice ou divine à lui-même et au monde. Il doit se dévoiler et démontrer qu'il est parfait. Ainsi chaque Américain-Dieu a le sacré devoir de hisser le drapeau américain très haut dans le ciel, au-dessus de la terre, par son dynamisme exceptionnel, par son héroïsme, par sa force et son intelligence surhumaines.

Première partie :

l'homme selon la vision américaine

Chapitre 1

La nature de l'homme

Qu'est-ce que l'homme? Ici, nous exposons l'idée que les Américains se font d'eux-mêmes (leur américanité) et de l'homme en général comme idéal ou projet à réaliser. Qui est l'Américain, c'est-à-dire l'individu qui est né en Amérique, qui a grandi en Amérique, qui vit en Amérique, qui a été éduqué en Amériqué? Répondre à cette question ontologique et axiologique, c'est convoquer les sciences humaines et la philosophie classique. Interrogeons donc des philosophes comme Hegel, Sartre, Marx, Nietzsche et autres qui définissent l'homme. Pour Hegel, la marque distinctive de l'homme est la conscience qu'il a de lui-même. L'homme est esprit. Il est spirituel. L'homme est un sujet qui se pense lui-même et qui pense le monde et les choses. L'esprit caractérise fondamentalement l'homme. En effet, l'homme se particularise ou se distingue par le fait qu'il se pense, se sépare de la nature, se recrée par la culture, la civilisation (science, technologie, art, religion, morale, droit, politique, économie). L'homme est surtout un produit culturel. Il est le résultat de sa propre activité, du travail qu'il fait sur lui-même, c'est-à-dire sa créativité. Il est un être artificiel. C'est ce qui l'élève, le rend grand, puissant et heureux. C'est ce que font exactement les Américains qui sont champions du monde en science, en technique et en technologie. Ainsi ils dominent, modifient, transforment la nature. René Descartes a dit au 17ᵉ siècle que la science et la technique feraient de l'homme comme maître et possesseur de la nature. Cela est vérifiable aujourd'hui en Amérique par le gigantisme tous azimuts de l'Amérique.

Hegel a dit que l'homme est un être en soi et pour soi, qu'il existe pour soi. L'homme est conscient de soi. Il est auteur ou agent de l'histoire, de son histoire. Les Américains sont auteurs de leur histoire. Ils ont créé leur civilisation superbe. Ils se sont fabriqués eux-mêmes comme Américains. En effet, l'homme s'autofabrique. Il est un être artificiel. Il est un sujet libre. Il est à la fois dans la nature et en dehors de la nature par le fait qu'il est esprit créateur. Hegel définit ainsi correctement l'Américain typique. Jean-Paul Sartre rejoint Hegel sur ce terrain. En effet, pour lui également, l'homme est cet être chez qui l'existence précède l'essence. Sartre dit que l'homme est d'abord et il se définit ensuite par ses choix et par ses actes. L'homme est liberté. Il doit se définir lui-même et s'inventer. Il est tel qu'il se fait. Il n'ya pas de nature humaine préfabriquée par Dieu. Il n'ya pas de Dieu pour la concevoir. L'homme n'est rien d'autre que ce qu'il se fait. Il est pleinement responsable de ce qu'il est. Il ne peut se réfugier derrière aucun déterminisme ou fatalisme. Il choisit sa vie et les valeurs qui le guident dans son existence. L'individu ne peut pas ne pas choisir. Il est condamné à choisir. Il n'est rien d'autre que son projet. Il n'existe que dans la mesure où il se réalise.

Nietzsche définit encore mieux l'homme ou le type américain. Mieux, l'Américain est le héros parfait de Nietzsche. En effet, le concept nietzschéen de surhomme correspond ontologiquement et axiologiquement à l'Américain typique. Anthropologiquement, c'est l'Américain réel. L'Américain est un être qui aime lutter, travailler, créer et se **surpasser.** Or le surhomme de Nietzsche est l'homme qui se surpasse et transcende l'homme. Donc l'Américain est le surhomme nietzschéen. L'Américain est un homme qui s'est transcendé, qui est devenu ce qu'il est ou un géant. L'Américain est un voyageur. Il est parti d'un point A (homme) pour arriver à un point B (surhomme). Il est, par excellence, dans la définition nietzschéene de l'homme comme transition. Cette définition dit: «L'homme est un pont, un franchisseur vers le surhomme ou surhumain». Le surhumain est un lutteur pour la vie au degré absolu sur terre et ailleurs. L'Américain est arrivé sur la lune. Et il évolue vers les autres planètes. En chaque homme, il y a une infinité de choses ou de qualités possibles qui demandent à être réalisées ou actualisées. Le message de Nietzsche invite les humains à réaliser les possibles infinis qui sont en eux, c'est-à-dire à passer de l'homme au surhomme». L'homme est une corde tendue entre la bête et le surhomme, une corde au-dessus d'un abîme» (**Ainsi parlait Zarathoustra**). Les Américains sont sortis de l'homme comme enveloppe générale et ont progressé, évolué. Ils se sont développés. C'est ce combat que nous appelons **existence.** «L'homme est un être qui produit, qui crée matériellement sa vie pour donner satisfaction à ses besoins élémentaires», nous dit Karl Marx. Cela est vérifiable en Amérique.

Chapitre 2

L' Amérique et autrui

L'Amérique se bat. Elle se déploie dans l'univers. Elle est devenue un géant sans pareil. Ses rapports avec autrui sont basés sur l'affirmation de soi, sur la volonté de puissance. Cela est symbolisé par l'aigle ou le pygarque qui figure sur son sceau national. En effet, cet oiseau majestueux et charismatique vole très haut et puissamment dans les airs. Il règne en maître dans les airs. Son bec crochu et ses griffes très pointues le rendent redoutable et irrésistible au combat. Ainsi ce symbole traduit la force, la domination et la victoire de l'Amerique sur autrui (nature, univers, humanité). En effet, l'Amérique explore, exploite et domine la terre et l'univers grâce à sa puissance scientifique, technologique, économique et militaire incomparable et irrésistible. René Descartes n'a point menti: «La science et la technique feraient de l'homme comme maître et possesseur de la nature», dit-il. L'Amérique transforme la nature en un milieu artificiel, très beau et très agréable à habiter. Elle y plante des arbres et des herbes fabriqués par elle. Elle entretient les eaux et protège les animaux sauvages. Elle cohabite harmonieusement avec la flore et la faune. Elle châtie toute personne qui se permet d'agresser et de détruire les éléments de la nature. Par exemple, tuer des animaux sauvages, pêcher des poissons, détruire des arbres est passible de peine correctionnelle.

Les Américains ont foi absolue en eux-mêmes. Autant ils croient en Dieu créateur, protecteur, sauveur, dominateur de l'univers, autant ils croient en eux-mêmes comme étant des êtres exceptionnels. Ils croient en leurs capacités intrinsèques, en leurs paradigmes et en leurs valeurs et vertus comme courage, vaillance, bravoure, intelligence, Raison, volonté, force, puissance, ingéniosité, créativité, imagination. Ils se sont donné deux symboles forts qui les guident: l'aigle et l'étoile. Ces deux éléments expriment la puissance et la lumière qu'ils possèdent en surabondance. Cela leur a permis de se créer un paradis sur terre. Ainsi ils atteignent toutes les hauteurs glorieuses. Ils arrachent des lauriers partout. Ils ont conquis l'indépendance, la souveraineté vis-à-vis de l'Angleterre et le bonheur. Ainsi pour les Américains, tout est possible à l'Amérique (you can. Just do it). Le tout nouveau Président américain, Joseph R. Biden Jr. a dit: «I truly believe there is nothing we can't do as a nation, as long as we do it together». Il affiche ainsi l'optimisme et le volontarisme. Il traduit sa foi en l'union, en la discipline et dans le travail. L'impossible n'est que pour les autres pays qui vivent sans exister. Ces pays n'ont pas de philosophie pour leur puissance, leur progrès et leur développement. Ils ignorent la loi de la grandeur, du gigantisme. Ils ignorent royalement la loi du gigantisme américain qui se résume par la formule: «you can. Just do it». Or c'est cette loi qui guide et encourage tous les entrepreneurs, tous les opérateurs économiques, tous les acteurs politiques, tous les sportifs, tous les ingénieurs, tous les artistes, les chercheurs, les scientifiques, les penseurs, les écrivains, bref, tout le monde en Amérique.

Les cinquante étoiles du drapeau fédéral américain signifient pour nous: union, discipline, travail. C'est un atout idéologique majeur comme symbolisme mobilisateur, régulateur et révolutionnaire. C'est le chemin royal du progrès, de l'omnipotence et du gigantisme americains. Cela traduit le rêve et l'idéal suprêmes des Américains. Les Etats-Unis d'Amérique constituent une entité politique homogène, originale et unique dans le monde. Cette entité politique est fondée sur la solidarité, la discipline et l'action. La discipline, c'est le civisme et le patriotisme éclairés. Cela consiste pour les Américains à accepter de vivre ensemble, solidairement, sous la même autorité, sous les mêmes contraintes, les mêmes lois et la même constitution fédérale. «L'obéissance à la loi qu'on s'est prescrite est liberté», dit Jean-Jacques Rousseau. L'union des Américains, c'est l'union des citoyens, l'union des esprits, l'union des coeurs et l'union des personnes raisonnables et sages. C'est la concorde et le consensus populaires autour des idéaux, des valeurs et des buts communs. Les couleurs figurant dans le drapeau fédéral ont une signification profonde et salutaire. Elles soutiennent et traduisent la vision ou la philosophie du gigantisme américain. Le blanc signifie la pureté et l'innocence comme idéaux canalisant les Américains. Le rouge exprime la bravoure et le courage exceptionnels ou l'héroïsme qui caractérisent les Américains. Quant au bleu, il symbolise l'idéal de justice égalitaire et distributive qui maintient l'Amérique dans le bonheur, la paix, la sécurité, la stabilité, l'entente, l'union, la concorde, la communion, la grandeur.

L'omnipotence est la puissance infinie, absolue et tous azimuts. Elle se traduit par la suprématie politique, économique, culturelle, militaire, scientifique, technologique réalisée grâce au travail, à la créativité, au génie des Américains. Le travail très ardent, très intensif et très rationnel est ce qui donne plus de valeur et de bonheur aux Américains. C'est grâce à cela que les Américains sont au-dessus de tous les autres peuples du monde. Il faut savoir que le travail a une toute autre fonction et tout un autre intérêt pour les Américains. C'est par lui, en effet, que les Américains se découvrent comme tels, se réalisent et définissent l'homme. Ailleurs, le travail est conçu très négativement comme une punition et une malédiction divines (le fameux Péché originel des chrétiens). En Amérique, le travail est conçu comme une valeur très positive. C'est grâce à lui que les Américains réalisent leur nature divine, leur surhumanité, leur transcendance. En effet, le travail permet aux Américains de mesurer et d'exploiter au maximum les capacités humaines, de tester la force, la valeur, le génie créateur, les talents, l'inventivité de chaque homme. Le travail représente alors un baromètre, une balance Roberval et un thermomètre. Par le travail, on sait que l'homme possède des forces, des capacités illimitées, extraordinaires et inépuisables. L'intelligence, l'imagination, la mémoire, la Raison, la volonté et la puissance humaines sont illimitées et inépuisables. L'individu qui travaille n'utilise qu'une très infime partie de ces ressources et qualités propres à l'homme. Le patronat qui connaît cela exige alors aux travailleurs un maximum d'effort et de productivité. Les patrons demandent à leurs employés de travailler sans paresse et de donner le meilleur et le maximum d'eux-mêmes pour le bonheur, la réussite et la prospérité croissantes de leurs entreprises. Et très souvent sans compensation adéquate de leur part, sans rémunération juste des travailleurs. On demande aux travailleurs de ne pas ménager leurs capacités ni leurs forces. On leur signifie qu'ils peuvent tout faire, qu'il n'ya rien d'impossible à l'homme (You can. Just do it). Impossible n'est pas américain. La paresse, la fatigue, la peur, la lâcheté, la tricherie, la négligence et la médiocrité ne sont point acceptées. Cela est rigoureusement interdit et réprimé par le patronat américain.

L'esprit aristocratique, la mentalité du surhomme, le culte de l'excellence infinie, de la perfection sans limite sont imposés à tous dans un climat de concurrence impitoyable et mortelle. Le civisme et le patriotisme de chacun se mesurent par sa capacité d'appliquer ces vertus au travail et de payer des impôts sur ses revenus à son Etat local et à l'État fédéral. Tu es considéré comme un être infaillible et divin. Tu n'as donc pas droit à l'erreur ni à la faute. Ainsi tous les travailleurs doivent se battre à mort ou se surpasser. Ils sont en concurrence féroce les uns avec les autres. Les faibles, les minables et les médiocres sont éliminés, congédiés sans pitié au nom de la productivité que l'on veut croissante et au nom du profit maximal. Seuls les meilleurs, les plus forts, les excellents peuvent continuer à travailler. Tout favoritisme, tout laxisme, tout népotisme et toute tricherie sont très sévèrement punis. La complaisance, la corruption, la négligence, la légèreté, le mensonge, la malhonnêteté et l'injustice ne sont pas américains. Ils n'ont pas droit de cité en Amérique. L'Amérique les combat à mort. Cela est très observable sur les lieux de travail en Amérique. Le gigantisme va avec l'élitisme et le sélectivisme. Il exige la sévérité et la rigueur extrêmes. Il repose sur une discipline féroce à caractère militaire. Ainsi il est très facile de perdre son emploi et très difficile de le conserver longtemps. Le travailleur américain est soumis à une critique acerbe permanente et à un contrôle quotidien très strict. Il est évalué et jugé à tout moment. Cela s'appelle en anglais *survey*. Il lui faut être sans aucun défaut et dans l'excellence. On n'a pas besoin des humains mais des surhumains ou des machines pour travailler à perfection. Les surhumains ou machines sont parfaits, infatigables, infaillibles, très rentables. Seuls les génies, les surhumains et les champions doivent travailler. A chacun selon son mérite, sa compétence, ses talents et sa conduite. *You can. Just do it. Do your best.* **Be the best ever**. Telle est la loi du gigantisme américain.

Chapitre 3

Les Américains et l'existence

Le fait d'exister consiste à lutter pour améliorer et sauvegarder sa vie. Cela consiste à lutter contre toutes les forces hostiles, nuisibles, contre la nature et l'univers. L'existence est la vie canalisée, organisée, planifiée et orientée par la pensée vers un but, un idéal. En ce sens, l'animal et les choses n'existent pas. Seul l'homme existe parce qu'il pense sa vie et la transforme. Il invente, choisit les moyens et les conditions de sa vie. Il est actif tandis que les animaux et les choses sont passifs, conformes aux lois de la nature et de l'univers. Comment les Américains mènent-ils leur combat d' existence? Comment agissent-ils sur leur vie, chose naturelle, afin d'accéder à l'existence? L'existence américaine est conduite par plusieurs théories philosophiques: volontarisme, rationalisme, surhumanisme, libéralisme, pragmatisme, scientisme, optimisme, existentialisme. Selon Aristote, le but de la vie est le bonheur. Ce bonheur se conquiert par la lutte (existence). La vie des Américains se déroule dans la lutte féroce pour le bonheur. Qu'est-ce que ce bonheur que visent les hommes? Le bonheur est le résultat du combat libérateur, salutaire. C'est la condition ou l'état de celui qui est sorti des difficultés, des souffrances, de la servitude, de la misère, de la pauvreté et des malheurs. En d'autres mots, c'est l'existence, c'est-à-dire la meilleure qualité possible de vivre (Paradis). Le bonheur est la juste récompense des héros, des champions, des vainqueurs, des maîtres. Il est le fruit de la conquête, de la victoire. Il présuppose donc la lutte, la guerre. C'est pourquoi il n'est pas accessible aux faibles, aux vaincus, aux dominés, aux esclaves. Il est l'apanage ou le monopole des forts, des puissants, des triomphateurs (les demi-dieux). Les vainqueurs sont dans la joie. Ils sont heureux. Ils jouissent de leur **puissance.** Et les vaincus? Où est leur joie ou la source de leur joie? Peuvent-ils ressentir la joie des vainqueurs? Non. Ils sont malheureux. Il n'ya point de joie ni de fierté à tirer de l'impuissance, de la défaite, de la honte, de l'échec, de la faiblesse, du malheur. Cela est évident.

L'existence est un acte de force, de puissance. Elle repose sur la volonté de puissance. Elle s'obtient après s'être débarrassé de tous les préjugés de la morale vulgaire, ascétique, religieuse. Ce sont les vainqueurs seuls qui font les lois de ce monde. Ils imposent leurs volontés aux vaincus. La loi c'est la loi des dominateurs et non des dominés. Les rois et les Présidents font des lois parce qu'ils sont puissants. Dieu fait des lois parce qu'il est omnipotent. Les maîtres font des lois. Un père de famille fait des lois. Mais l'esclave et l'enfant ne font pas de loi. Ils sont dominés. Il ya des dominateurs politiques, économiques, religieux, moraux, intellectuels ou idéologues, scientifiques ou savants. Ils règnent sur l'humanité. Ils gouvernent le monde par leurs pensées ou par leurs actions. Ils détiennent les secrets du bonheur. C'est, par exemple, la ruse, l'intelligence, l'imagination, la puissance intellectuelle, spirituelle, psychologique, physique. Ainsi il y a plusieurs catégories d'hommes dans le monde. Il y a les **maîtres** (les puissants, les dominateurs, les lions), les **esclaves** (les faibles, les dominés, les moutons) et les **rebelles**. Les rebelles sont les esclaves qui luttent pour s'affranchir de la domination, de la servitude. Ils sont des révolutionnaires, des éveilleurs de conscience. En effet, l'esclave peut se libérer par la lutte, par sa bravoure, son courage, son intrépidité, son audace. Il peut devenir maître. L'ancien maître peut devenir esclave à son tour. Tout renversement de situation ou de condition d'une personne ou d'un groupe est possible dans le monde toujours en devenir, en mouvement constant. Un roi peut devenir mendiant et un mendiant peut devenir roi. Les positions sociales et politiques des gens sont interchangeables. Rien n'est figé, définitif, stable ni éternel. Tout est contingent, évanescent, accidentel, occasionnel, éphémère sur terre. Telle est l'unique constante. C'est la loi de l'existence ou la loi de la volonté de puissance.

Exister signifie étymologiquement évoluer, progresser, se développer, s'affirmer, devenir autre, meilleur, puissant. C'est sortir d'un état (ou d'une condition) inférieur pour entrer dans un état supérieur, meilleur. Ainsi exister s'oppose à vivre. En effet, l'acte de vivre est naturel, animal. La vie est donnée à tout homme gratuitement par l'acte de procréation. Mais après sa naissance, l'homme se construit et crée son histoire. Il devient ce qu'il choisit d'être. Il se fait une place de maître ou d'esclave. Soit il subit la domination d'autrui soit il s'impose aux autres comme roi. L'existence est un acte créateur de valeurs. C'est un combat aristocratique. C'est le combat noble qui crée les grands hommes, les hommes supérieurs. C'est le combat qui fait passer du statut d'esclave, de mouton, au statut de maître, de lion. Si l'on est esclave, cela signifie qu'on ne lutte pas. Car la lutte transforme le lutteur, le fait évoluer, progresser. Les Américains luttent beaucoup. Et ils sont devenus les maîtres du monde. Qui étaient leurs ancêtres (non -Américains)? C'étaient des Européens, notamment des Britanniques ou Anglais, qui se sont **transformés** pour devenir Américains par la lutte. Ainsi ils ont créé une force et une civilisation supérieures à celles de leur pays d'origine, l'Angleterre. Ils ont combattu et transcendé l'Angleterre, ses valeurs et ses paradigmes archaïques (old school). L'Amérique est un **nouveau** monde, une **nouvelle** Angleterre, une **autre** Angleterre (New England). Les nouveaux Anglais ou les Anglais d'outre -mer sont omnipotents, omniscients, omniprésents. Ils sont des demi-dieux. Ils sont les maîtres du monde. Ils ont remporté des victoires et des victoires sur eux-mêmes, sur les autres peuples et surtout sur la monarchie Anglaise, sur la Reine Elizabeth. Ils sont irrésistibles et incomparables aux autres peuples. Ils se sont donné tous les moyens de progresser et d'être toujours des maîtres. Ils ont confiance en eux-mêmes. Ils ont cultivé l'**optimisme** (you can. Just do it), le **libéralisme**, le **scientisme** (foi absolue en la science-technologie), le **volontarisme** (la volonté de puissance, de domination), le **pragmatisme** (le sens de l'efficacité, de l'effort créateur, de la réussite, le réalisme, le dynamisme), le **rationalisme** (foi en la Raison). Toute l'Amérique est une construction mathématique, logique, scientifique. Là-dedans, tout est calculé, mesuré. Les Américains ont développé le machinisme à outrance. La vie américaine est entièrement mécanisée, informatisée et électronisée. Ici, tout repose sur l'utilisation des machines intelligentes, sophistiquées et plus efficaces que les humains. Ainsi les Américains ne se contentent pas de vivre comme des animaux mais ils existent véritablement. Ils ont transcendé leur condition première, animale et humaine pour accéder à la surhumanité et au rang de Dieu. En Amérique, on voit que Dieu est réellement **mort** et qu'il est remplacé sur terre par les hommes raisonnablement matérialistes. En Amérique, on sent l'influence de deux grands penseurs volontaristes et existentialistes: Nietzsche et Jean-Paul Sartre. Tous les deux enseignent la transcendance de l'homme, le surhumanisme, l'optimisme absolu à l'égard de l'homme, le volontarisme. On retient de ces deux philosophes que l'homme est uniquement ce qu'il se fait ou le produit de sa volonté, de sa Raison. On retient que l'homme est absolument responsable de son existence car cela est sa création. On retient que l'homme est esprit, libre, transcendant. L'homme s'invente lui-même.

Deuxième partie :

l'esprit américain

Chapitre 1

Les Américains et la Pensée -Existence

Selon René Descartes, la Raison est la chose la mieux partagée au monde. Si cela est vrai, reconnaissons que les Américains en ont reçu plus que d'autres peuples. Ils en ont reçu la part de lion, c'est-à-dire la plus grosse part. Descartes définit l'homme comme l'être pensant (res cogitans en latin). Il affirme qu'il est parce qu'il **pense**. «Cogito ergo sum» (je pense donc je suis). L'homme digne et responsable est celui qui est conscient de soi, qui pense rationnellement, philosophiquement, mathématiquement, scientifiquement. Ainsi lui, Descartes, en tant que philosophe, a entrepris de penser, de démolir et de reconstruire tout l'édifice du savoir construit par les autres qu'il trouve douteux, non certain (scepticisme méthodologique). Descartes a ainsi élaboré une nouvelle morale (morale par provision), une nouvelle métaphysique basée sur l'affirmation de l'existence de Dieu. Il montre que penser, c'est recréer, douter de toute pensée reçue, remettre les choses en question, les critiquer. Il s'agit de faire sortir du nouveau, du meilleur. Cela est un devoir impérieux et une nécessité absolue pour l'humanité en quête de bonheur, de salut, de puissance, de progrès. Ainsi le cartésianisme (ou l'esprit cartésien) a favorisé le développement et l'élévation de l'Amérique. C'est de cette même manière que Nietzsche et Sartre ont également contribué à l'élévation de l'Amérique. L'homme est esprit, substance pensante, «res cogitans» (chose pensante en latin).Il est une corde tendue entre l'animal et le surhomme (Nietzsche). Il est liberté (Sartre). C'est un être qui produit, crée matériellement sa vie pour donner satisfaction à ses besoins élémentaires (Karl Marx). Tout cela apparaît le propre des Américains. Les Américains incarnent et expriment la philosophie progressiste et révolutionnaire ordonnée à la renaissance et à la puissance des hommes, des peuples et des nations.

La vie détermine la conscience et la conscience détermine la vie. Cela montre l'importance capitale de la pensée. Qu'est-ce que la pensée vise? Quel est le but primordial de la pensée? C'est le bonheur des hommes, le bien de l'humanité. Ainsi l'acte de penser consiste à produire des idées heureuses, bienfaisantes, salutaires. Penser, c'est reconstruire les choses et le monde donnés par la nature. C'est améliorer, corriger la vie, favoriser le progrès et le développement, enrichir et entretenir la civilisation, prendre de l'écart par rapport à l'animal et aux autres êtres de la nature. Ce combat s'appelle EXISTENCE. Penser, c'est exister. «Cogito ergo sum». C'est amener à l'être, c'est créer, inventer un monde nouveau, meilleur, supérieur. Les animaux et les choses ne pensent pas. Ils sont mûs par les lois naturelles. Ils sont limités et figés dans leur nature originelle. Ils ne peuvent rien créer, rien inventer pour améliorer leur sort ni perfectionner leur vie. Ils n'existent pas. Ils sont naturels. Quant à l'homme, il est artificiel parce qu'il est imaginatif, intelligent, doué de Raison. Il pense, rêve et fait des projets. Cela le rend puissant, heureux, prospère, maître et possesseur de la nature. La puissance, la prospérité et le développement de l'Amérique ont été créés par des aventuriers anglais qui étaient persécutés dans leur pays. Aujourd'hui, l'Angleterre persécutrice est dominée par les Américains. Elle ne peut se comparer à l'Amérique. Elle est archaïque, médiocre et inférieure à l'Amérique qu'elle a créée de toutes pièces. Cela est le fruit de l'esprit ou de la pensée. Penser, c'est se libérer de la souffrance, du mal, de la nature, de l'univers. C'est renaître, se transformer (exister). Les peuples qui ne pensent pas ou qui tuent leurs penseurs ont tort. Ils se condamnent à la faiblesse, à la médiocrité, à l'impuissance. C'est leur plus grand malheur. Ils s'interdisent toute possibilité d'évoluer, de prospérer, de progresser, de se développer. Ils regressent, tombent en décadence. Ils restent petits, dominés, écrasés, asservis par les peuples qui pensent, qui créent, qui visent très haut, très loin. Le monde et le bonheur appartiennent à ceux qui pensent. Le présent et l'avenir sont aux peuples penseurs, calculateurs, ambitieux. Ainsi les peuples africains qui ne pensent pas, qui persécutent et tuent leurs penseurs, leurs héros, leurs visionnaires et leurs révolutionnaires stagnent. Ils sont écrasés, humiliés, esclavagisés, colonisés et réduits à des choses et à leur plus simple expression.

Penser, c'est avant tout chercher, trouver ou créer les moyens nécessaires de sa vie (bonheur, sécurité, puissance, paix, confort, santé). Sans la pensée, il n'y a point de bonheur, de salut. Il n'y a point de possibilité d'une vie humaine digne et authentique. Sans la pensée, on est assimilé à la bête et à l'objet. La pensée la plus élevée et la plus noble qui sépare l'homme des choses et des bêtes est la pensée par **concepts** (la conceptualisation des choses et du monde). C'est le travail des philosophes et des scientifiques. Cela est créateur des valeurs. C'est la source de l'histoire et de la civilisation. Cela met l'homme au-dessus de la vie instinctive, naturelle et animale. C'est le propre de l'humain qui pense et qui **parle**. L'animal n' a pas créé d'histoire ni de civilisation. Il n'a pas fait ces deux choses parce qu'il n'a pas accès à la Raison ni à l'intelligence conceptuelle. Il ne peut pas être philosophe, savant, ingénieur... Mais si la Raison est la chose la mieux partagée aux humains, il faut reconnaître que tous les humains ne la manifestent pas de la même manière ni au même degré. Une chose est de posséder la Raison et une autre est de savoir l'utiliser pour son salut. Il y a gaspillage de la Raison chez beaucoup de gens, chez certains peuples. Par exemple, les Africains d'aujourd'hui n'utilisent pas leur Raison de façon suffisante ni salutaire. D'où leurs souffrances, leurs misères et leurs malheurs multiples. Cela oppose l'Afrique à l'Amérique. En effet, l'Amérique est très rationnelle, très calculatrice. Elle est créée et peuplée par des hommes qui pensent rationnellement, méthodiquement, savamment, qui réfléchissent beaucoup et profondément. L'Amérique est l'oeuvre des gens qui se sont fixé un but glorieux (une très grande vision) et qui se sont donné les moyens adéquats d'atteindre ce but (le gigantisme tous azimuts). Descartes, le père du «cogito ergo sum», serait-il né pour l'Amérique, pour aider les Américains? Ce qui est très sûr, les plus grands cartésiens, c'est-à-dire les penseurs ou calculateurs, sont les Américains. Les vrais cartésiens sont ceux qui ont créé le gigantisme américain par leurs calculs, leurs réflexions, leurs talents ou compétences scientifiques et philosophiques. Je pense donc je suis Américain. Je pense donc je suis un géant. Je pense donc je suis le maître et le possesseur de la terre. Je pense donc je suis Dieu. Paraphrasons Descartes: Dieu est parfait. Donc il existe nécessairement. Car s'il lui manquait la qualité d'existence, il ne serait pas parfait. Les Américains pensent donc ils existent. Ils sont parfaits, ils sont Dieu. Celui qui connaît l'Amérique, connaît le Paradis. Celui qui connaît l'Amérique, connaît la puissance créatrice de Dieu. Il connaît l'omnipotence de Dieu. Homo Americanus Deus est.

Chapitre 2

Les Américains et l'action

Henri Bergson a dit: «Il faut agir en homme de pensée et penser en homme d'action». Par ce chiasme, ce philosophe montre que l'action doit aller de pair avec la pensée ou bien que ces deux choses sont inséparables et complémentaires. Le penseur doit agir, c'est-à-dire réaliser ses idées dans le monde. Une pensée abstraite, coupée du réel ou irréalisable n'a pas de valeur (pragmatisme). La théorie sans la pratique est vaine et la pratique sans la théorie est aveugle. Il faut donc associer ces deux choses pour les rendre fécondes, efficaces, utiles. Cela est aussi valable en science (théorie et expérience) qu'en politique et en morale (idéologie et lutte politico-syndicale). Dans ce même sens et en épistémologie, Emmanuel Kant soutient que: «Les intutions sans les concepts sont aveugles et les concepts sans les intutions sont vides». Les philosophes marxistes et tous les grands révolutionnaires politiques et syndicalistes s'accordent à reconnaître cette vérité selon laquelle il faut toujours unir la pensée à l'action pour obtenir un maximum d'efficacité, pour rendre la pensée et l'action fécondes, créatrices.

L'action s'entend ici comme lutte, combat, engagement politique, social, syndical, économique, culturel visant à changer, à corriger, à améliorer les choses dans le monde. L'action c'est le combat existentiel qui traduit la volonté de progrès, de puissance, de bonheur. Sans action, il n'ya pas d'existence. L'existence signifie lutte, action. L'action est un attribut précieux du peuple américain pragmatique. C'est par l'action (travail, bataille) que les Américains se sont distingués et qu'ils ont surclassé tous les autres peuples de la terre. C'est par l'action liée dialectiquement à la pensée qu'ils ont constitué leur puissance suprême, qu'ils ont créé leur gigantisme exceptionnel et qu'ils se font respecter et redouter par le monde entier. L'action volontaire, ambitieuse, éclairée, guidée par la Raison et la Conscience, transforme et améliore la vie d'un peuple sage. L'Amérique est le champ d'expérimentation de cette théorie. L'Amérique est une école de progrès, de succès, de prospérité, de victoire, de gigantisme, de développement, d'exemplarité. Un peuple qui rêve uniquement sans agir, sans lutter, restera petit, comme un gros bébé piteux et honteux. Il sera la risée du monde, la somme des douleurs, des souffrances et des malheurs. Un pays qui ne rêve pas et n'agit pas est un pays en danger de mort. Il est appelé à disparaître de la terre. Il lui est impossible de vivre. Sa place est le cimétière. Tel est le cas avéré des pays africains qui s'interdisent de rêver et d'agir. Ainsi toutes les voies de la dignité, de l'honneur, de la puissance, de la grandeur, de l'élévation, de la gloire, du succès, de la prospérité, du développement, de la liberté, de l'émancipation, de l'autonomie, de l'indépendance et de la souveraineté leur restent hermétiquement fermées jusqu'à leur réveil.

L'homme est fait pour lutter et exister. Cela est son devoir normal et naturel selon la morale perspectiviste et volontariste. Les concepts d'homme, de peuple, de pays, de nation sont régulateurs, perspectivistes, pragmatiques. Ils enveloppent une responsabilité prospective et aristocratique (nietzschéenne) que l'homme (ou un pays) doit assumer ou disparaître. L'homme est projet ou projection. Il est libre. S'il n'assume pas sa nature d'être libre, combattant, il est démissionnaire. Il se supprime ou tombe dans la classe des êtres inférieurs, non- libres comme les bêtes, les plantes, les pierres etc. Dès lors il ne mérite pas la vie ou bien il vivote comme esclave ou bête de somme. Il s'est renié. Il a renoncé à sa nature de penseur, de lutteur. Il s'est chosifié et animalisé. Chaque homme (ou peuple) choisit son prix. Il choisit d'être roi ou d'être esclave. Il choisit d'être libre ou d'être dominé, asservi. Toutes les conditions humaines ou positions sociales sont exposées à la vente sur le marché mondial. Et chacun de nous achète les titres, les statuts qui lui plaisent. Chacun choisit donc son sort. Par conséquent, il doit l'assumer. Il mérite tout ce qui lui arrive dans sa vie. La compassion, l'empathie, la pitié n'ont aucune valeur. Ces sentiments bouddhistes et chrétiens n'ont pas leur raison d'être. Ils sont très absurdes. La liberté individuelle de choisir son statut rend chacun responsable de soi. La liberté collective de choisir son sort ou sa condition rend tout peuple responsable de soi. De cette responsabilité individuelle ou collective découlent légitimement des sanctions faisant le bonheur ou le malheur des uns et des autres. Il faut exclure ici toute superstition et toute fatalité qui relèvent de l'ignorance ou de la mauvaise foi des hommes. Les dieux et autres forces réelles ou supposées, comme créatures de la religion et de la métaphysique, n'ont rien à faire pour ou contre les hommes. Les humains ne sont pas créés ni gérés par eux. C'est plutôt le contraire. Ce sont les humains qui les créent dans leur mental et leur imaginaire, et à leur image, pour leurs besoins et leurs intérêts divers. Ils se projettent en eux, leur prêtent leurs qualités, leurs défauts et leurs sentiments (les mythologies). Ensuite ils les adorent et les entretiennent lâchement et bêtement. C'est une grande comédie mondiale et une grimace macabre universelle. Cela s'appelle **illusion**, c'est-à-dire un mensonge grotesque, personnel ou collectif qui fonctionne et prospère partout par l'hypocrisie, la ruse, la manipulation et la faiblesse mentale des uns et des autres. C'est un très vieux système social, économique, politique (domination) et culturel qui traduit le rapport des bergers (pastus) à leurs moutons. Ce système d'auto-négation et d'aliénation fondé sur la peur est le signe évident de la plus grande faiblesse et de l'impuissance volontaire des peuples. C'est du défaitisme, du pessimisme, un manque de confiance en soi-même face au combat existentiel que les hommes refusent. C'est une fuite en avant très dangereuse. Ainsi la proclamation de la mort du Dieu officiel et mondial par le philosophe Nietzsche (iconoclaste) constitue le plus grand drame historique. Cela a provoqué la panique générale sur la terre, le plus grand désespoir chez l'homme-esclave ou mouton. Ce dernier ne sait plus où donner de la tête ni à quel saint se vouer. C'est véritablement une catastrophe ou le plus grand danger pour lui. Cela le défait, le déroute et ruine tout son espoir. En effet, son dernier rempart, sa dernière forteresse, son unique bouclier, son secours et sa bouée de sauvetage sont brisés en quatre. Ainsi il est désormais plus malheureux que jamais. Il n'a plus de secours ni de protecteur illusoire. L'angoisse et le vertige s'emparent de ce grand orphelin et le dévorent entièrement. La mort de Dieu est le plus terrible événement du monde, de la vie et de l'histoire. Nietzsche est alors déclaré persona non grata, le plus grand criminel historique, le pire ennemi des malades, des faibles et des moutons qui sont incapables de se défendre et de faire leur bonheur sans la croyance en un dieu sauveur et rempli d'amour paternel. Nietzsche est passible de la peine capitale, lui, l'ennemi juré et commun du troupeau, des décadents, des réprouvés, des esclaves.

C'est Nietzsche, l'Anti-Christ. Il autorise la mise à mort de Dieu. Nous, ses fiers disciples, fêtons joyeusement cet événement historique avec Apollon et Dionysos. Cela fait notre bonheur, notre force, notre victoire et nous laisse la liberté d'agir en toute confiance. Nous croyons uniquement en nous-mêmes. Nous comptons absolument et uniquement sur nous-mêmes. Vive la mort salutaire du Dieu dominateur, dictateur, illusoire, qui nie la puissance, la liberté et le bonheur de l'homme. Nous occupons orgueilleusement sa place effacée de l'esprit et de la mémoire des humains. Nous délivrons et libérons tous les adorateurs et prisonniers de Dieu. Ses attributs si glorieux et exceptionnels comme omnipotence, omniscience et omniprésence nous reviennent de droit. Ainsi redéfinissons l'homme avec Nietzsche: «L'homme est une corde tendue entre la bête et le surhomme». La foi des Américains en Dieu est le chemin et l'instrument de leur progrès, de leur transformation, de leur révolution historique. «In God we trust» signifie réellement, pour nous, la foi absolue des Américains en eux-mêmes comme remplaçants et images de Dieu mort. Dieu est en eux. Dieu est leur **Raison**. Cela veut dire qu'ils possèdent les valeurs ou les attributs de Dieu. Ils sont donc légitimement très confiants. Ainsi ils gagnent toutes leurs batailles existentielles et dans tous les domaines. Rien ne les limite ni ne les arrête. Ils relèvent tous les défis naturels, politiques, économiques, culturels, militaires etc. Ils sont légitimement très **optimistes** (you can. Just do it), **rationalistes** (je pense donc je suis Américain), **pragmatiques** (l'action paie, sauve), **existentialistes** (l'existence précède l'essence), **scientistes** (la science et la technologie ont fait d'eux les maîtres et les possesseurs de la nature et du monde). Ils sont volontaristes. Ils croient à la puissance transformatrice de la volonté, de la Raison, de l'action. C'est ainsi qu'ils ont créé la plus puissante nation et la plus belle civilisation du monde.

Chapitre 3

De la vie à l'existence : voyage périlleux

Nietzsche a dit, dans **Ainsi parlait Zarathoustra,** que «L'homme est une corde tendue entre l'animal et le surhomme, une corde au-dessus d'un abîme». Autrement dit, l'humanité est un pont, un passage à haut risque. C' est une transition douloureuse vers la surhumanité. L'homme doit chercher sa perfection et sa trascendance. Il doit évoluer, progresser, se développer en payant un prix très lourd, en subissant une très grande douleur. L'homme doit faire sa mue. Il doit faire sa révolution et se métamorphoser. C'est un voyage périlleux mais glorieux et salutaire. Il doit transformer sa condition première, animale, biologique, naturelle, en l'existence. La Raison, la conscience et la sagesse tragique ont pour devoir de tuer l'homme vulgaire et de le remplacer par le surhomme. Il s'agit de passer du rang de mouton au rang de lion, de passer du rang d'esclave au rang de maître, de remplacer Dieu par le surhomme. La vie ordinaire est l'attribut de l'homme. L'existence est l'attribut du surhomme. L'homme vit et le surhomme existe. L'homme a le devoir impérieux et suprême de devenir surhomme. Son but final est d'être surhomme. C'est sa tâche régalienne. Il doit prendre le chemin de La déité ou se diviniser. Il lui faut changer de morale. Il doit épouser la morale et la mentalité tragiques, aristocratiques, c'est-à-dire le statut de l'oiseau de proie, du guerrier triomphateur, de la bête blonde selon Nietzsche. Il doit s'approprier les trois grands attributs de Dieu: omnipotence, omniprésence, omniscience. La vie a fait de lui un être faible, impuissant, un esclave, une chose. Il doit apprendre à combattre tout cela, à rompre avec ce statut honteux, indigne, d'irresponsable. Il a en lui la capacité potentielle de changer son vieil habit et d'arborer un habit nouveau et glorieux. Il peut se métamorphoser et devenir aristocrate, maître, agent d'une nouvelle histoire.

Il y a un surhomme et un demi-dieu dormant en nous, les humains. L'homme doit les réveiller et les faire travailler à son profit. Il doit les mettre au combat de sa libération, de sa renaissance, de son progrès, de son élévation tous azimuts, de son développement mental, spirituel, moral, physique, politique, économique, culturel. Il doit assumer et réaliser sa déité, sa surhumanité pour son bonheur et son salut dans le monde en décadence. Il doit manifester ou actualiser la volonté de puissance qui sommeille en lui et dominer le monde. Il est divin. En lui se trouvent toutes les vertus divines de sa transformation positive en surhomme. L'Amérique a effectué ce parcours périlleux avec triomphe. Elle a réussi à passer de la vie à l'existence. Les Américains sont parvenus au rang de surhomme. Ils ont fait leur révolution mentale, morale, civilisationnelle. D'où leur développement et leur progrès prodigieux, gigantesques. Ils sont arrivés au point où ils peuvent tout faire. Cela est devenu possible grâce à leur volonté de puissance. Ils croient absolument en eux-mêmes, en leur capacité illimitée, en leur infaillibilité. Ils travaillent nuit et jour, à tout moment. Ils produisent ou créent tous les biens et tous les moyens de leur épanouissement maximal. Ils sont présentement à la conquête de l'univers tout entier. Ils se sont posés héroïquement sur la lune et vont maintenant à la conquête des autres planètes. Ils maîtrisent la science et la technique bien plus que tous les autres peuples du monde. Cela leur assure des victoires tous azimuts. Leur rationalisme cartésien est une force sûre et irrésistible. C'est un bouclier, une arme et un outil infaillibles. Ainsi le présent et le futur appartiennent à l'Amérique.

Leur leitmotiv ou slogan: «You can. Just do it» en dit long et tout. Cela est très expressif et très éloquent vis-à-vis de la mentalité et de la philosophie des Américains lancés dans la course à la puissance, au bonheur, à l'omniscience, à l'omnipotence, à l'omniprésence. Tout est à leur portée: surhumanité, contrôle, domination, maîtrise du monde.

L'Amérique a pu passer de la vie à l'existence grâce à trois concepts opératoires et régulateurs: **union, discipline, travail.** Tels sont ses piliers centraux et idéologiques. L'union, c'est la création d'un Etat gigantesque, fédéral (50 Etats unis). Il n'ya pas de gigantisme politique sans la rigueur juridique, morale, civique, économique. L'Amérique est un Etat de droit, de morale et de religion. Elle existe et fonctionne harmonieusement grâce au civisme et au patriotisme fervents et exemplaires. Elle vit son credo (in God we trust). La transcendance divine est son idéal et sa vertu. Qu'est-ce à dire? Les Américains croient qu'ils sont faits à l'image de Dieu. Par ailleurs, Dieu est mort. Ils assument pleinement leur nature divine ou leur déité comme héritage sacré. Comme rien n'est impossible à Dieu, rien n'est impossible aux Américains (you can. Just do it). Ils ont gagné leur combat de gigantisme et de leadership mondial grâce à leur volonté farouche et inébranlable, à leur acharnement, à leur ardeur, à leur intrépidité, à leur bravoure, à leur héroïsme. Le projet nietzschéen de surhumanité est réalisé en Amérique. Bravo à l'Amérique!

Conclusion

Nous avons exposé les fondements théoriques ou idéologiques du gigantisme américain. Nous espérons que cela permettra à tous de mieux connaître l'Amérique. La leçon qui découle de ce travail est que l'on ne devient pas le plus grand et le plus puissant du monde sans rien faire, sans rêver très grand et sans se battre à mort, sans prendre des risques de toutes sortes. Nous souhaitons vivement que cela aide les pays faibles, pauvres, décadents, miséreux et malheureux à se relever, à se corriger et à se développer. Nous avons traité les questions suivantes: quel est le secret ou la loi du gigantisme américain? En d'autres termes: de quoi l'Amérique tire-t-elle sa suprême grandeur, sa suprême puissance, sa suprême prospérité, sa suprême réussite et son suprême développement quantitatif et qualitatif? Pourquoi les autres pays n'égalent pas et ne valent pas l'Amérique? Qu'est-ce qui distingue l'Amérique des autres nations? De quoi est faite la mentalité (ou l'esprit) américaine? Quelle est la vision américaine de la vie, de l'existence, de l'homme, de Dieu, de l'univers, de la nature, du monde? Quels sont les philosophies, les pensées et les doctrines qui ont influencé, déterminé, conditionné les comportements et la conduite des Américains? Nous sommes loin d'avoir épuisé cette problématique. Nous ne donnons pas de réponses péremptoires ni exhaustives aux questions posées. Nos réponses ne clouent pas le bec à tout le monde. Les autres penseurs et chercheurs (américanistes ou américanologues) ont la liberté et le plein droit de nous critiquer et de continuer ce travail dans leur sens et selon leurs capacités et leurs goûts intellectuels. Nul ne détient la vérité absolue. Chacun a sa vérité, son mensonge, son erreur et son illusion. Chacun a son péché mignon. Et cela contribue au progrès de la pensée, à l'enrichissement de la connaissance. C'est la condition, la raison d'être et la raison de vivre de la philosophie et des sciences humaines, sociales et morales. **Le consensus supprime la philosophie**. Nul n'est censé ignorer que la philosophie se nourrit de la polémique et de la subjectivité depuis sa naissance. Les thèses philosophiques n'ont jamais été des vérités apodictiques. Tout discours philosophique est relatif et subjectif (voir Bertrand Russell). La certitude est le tombeau de la philosophie. Elle tue à coup sûr la philosophie qui est un débat permanent. La certitude met fin à la philosophie en la transformant en science. Cela est vrai de la science elle-même dans une large mesure (il n'y a pas de science exacte).

La vérité philosophique est comparable à l'opinion (doxa). Chacun a son opinion sur le monde. De même, chaque philosophe a son opinion sur le monde. Si notre opinion sur l'Amérique est différente des opinions des autres, c'est très normal. Ce n'est pas une faute ni un mal. C'est plutôt la règle générale. Hegel n'a-t-il pas dit que chaque philosophe se pose en s'opposant aux autres? Ainsi va l'activité intellectuelle dans le monde. C'est la loi du monde de la connaissance. Grosso modo, nous avons dit que l'Amérique s'est créé comme elle est à partir d'une psychologie ou d'une attitude d'esprit spéciale qui favorise l'éclosion, le progrès et le développement tous azimuts d'un peuple ou d'une nation. Cette attitude consiste à penser et à croire que **tout est permis et possible à l'homme** s'il se fait confiance, s'il fait confiance à sa Raison (rationalisme), à sa volonté (volontarisme) et s'il agit avec puissance (pragmatisme). En effet, l'homme incarne la perfection et la puissance absolues de Dieu. Dieu est conçu comme omnipotent, omniscient, omniprésent. En vérité, Dieu est l'image idéale ou le plus grand symbole de l'homme tel que voulu par les grands philosophes comme Nietzsche, Descartes, Sartre et autres. Dieu est la sublimation de l'homme, c'est-à-dire le but final que l'homme veut atteindre dans son auto-réalisation, dans son auto- accomplissement absolu à travers son combat existentiel et perfectionniste. Dieu est l'image positive et sublime de l'homme supérieur projetée au-dessus de l'homme par l'homme. C'est une superstition créatrice devant engendrer le surhomme de Nietzsche. Croire donc en Dieu et adorer Dieu, c'est en réalité croire en l'homme et adorer l'homme tel qu'on le veut c'est-à-dire l'homme sublimé. L'homme doit être Dieu. Les religions théistes et déistes adorent donc l'homme en vérité. Elles font le culte de l'homme idéal, parfait. In God we trust signifie profondément: nous croyons en nous, en tant qu'humains, américains, jouissant des vertus et des attributs très glorieux que nous prêtons à Dieu, l'invisible, notre créature sublime. Dieu est la plus grande idée régulatrice qui permet de recréer notre monde, de libérer l'homme vulgaire de toute servitude, de toute domination, de toute aliénation, de toute impuissance, de toute faiblesse, de toute souffrance, de toute pauvreté, de toute misère et de tout mal. Ailleurs, dans certains pays, Dieu est l'instrument privilégié et le plus efficace qui soutient, réconforte, console les partisans du moindre effort, les paresseux, les lâches, et maintient les faibles et les esclaves dans leur situation infernale. En Amérique, c'est tout à fait le contraire. Ainsi le symbole de Dieu est utilisé différemment à travers le monde, soit positivement soit négativement. Nietzsche, l'assassin de Dieu, nous conseigne de l'utiliser positivement, à l'américaine. Créons et utilisons Dieu sagement, pour notre plus grand bonheur et notre salut. Transformons tous les pays du monde en Paradis où réside le bon Dieu. C'est le plus intéressant, le plus utile et le plus important pour l'humanité à transformer en surhumanité. C'est à ça seulement que doit servir l'idée ou l'idéal de Dieu. Faisons des merveilles et des miracles comme Dieu. A Dieu, il n'ya rien d'impossible. L'impossible est humain mais pas à Dieu, l'omnipotent, l'omniscient et l'omniprésent. Vive Dieu! Vive le surhomme! Vive l'Amérique!

Résumé du livre

La Philosophie de la puissance américaine constitue une école très spéciale et salutaire. C'est l'école qui veut former les hommes et les peuples exceptionnels ou les géants et les êtres au plus grand destin sur la terre. Cette école vise à former les élites et les étoiles qui vont effacer l'obscurité, supprimer l'impuissance, la faiblesse, la souffrance de ce monde et permettre à tous d'exister honorablement, dignement et glorieusement.

Biographie de l'auteur

Dr François Adja Assemien est né le 15 mars 1954 en Côte d'Ivoire. Il a étudié les lettres classiques (latin et grec), les sciences humaines et la philosophie. Titulaire du Doctorat d'Etat en philosophie et de la Licence de sociologie, il s'est consacré à l'enseignement de la philosophie à l'université, à l'écriture et à la recherche académique. Il parle et écrit trois langues vivantes que sont le français, l'anglais et l'allemend.

Il est auteur de plusieurs ouvrages publiés en France et aux Etats-Unis d'Amérique (romans, essais, nouvelles, pièces théâtrales). Il est également créateur de plusieurs concepts tels que l'Afrocratisme, la Philocure, la Sidarologie, la Conscience africaine, Aboubou musique. Il est enfin artiste musicien, chanteur, compositeur et guitariste.

Il vit aux Etats-Unis d'Amérique.

www.ingramcontent.com/pod-product-compliance
Lightning Source LLC
LaVergne TN
LVHW040203080526
838202LV00042B/3293